MÉMOIRE AU ROI

SANS

SON CONSEIL D'ÉTAT.

IMPRIMERIE DE STAHL,
quai des Augustins, n° 9.

MÉMOIRE AU ROI

SANS

Son Conseil d'État.

Heureux le sage roi qui connaît sa faiblesse,
Et qui, laissant fléchir sa douce autorité,
Cherche, accueille, encourage, entend la vérité
CHENIER, *Henri VIII* acte I, scène 2.

PAR J. B. MESNARD,

AUTEUR DE 89 ET 1830.

PARIS,

A LA LIBRAIRIE CENTRALE,

GALERIE D'ORLÉANS, PALAIS ROYAL,

ET CHEZ TOUS LES MARCHANDS DE NOUVEAUTÉS.

—

AVRIL 1830.

MÉMOIRE AU ROI

SANS

SON CONSEIL D'ÉTAT.

SIRE,

Le mot *Révolution* est devenu l'objet de singulières attaques. Certaines gens en ont fait un monstre tellement menaçant, tellement gros de forfaits, tellement gorgé de sang qu'il semble que, dès qu'on l'emploie, dès qu'on l'agite, la nation va périr par le poignard ou le couteau fatal, et que votre trône va se trouver au milieu d'un volcan qui devra aussitôt le dévorer pour ne vomir après que des débris et des cadavres.

Pour un certain parti, ce mot *révolution* est l'arme des factieux, le but des agitateurs, le vœu des méchants qui ne peuvent vivre que par et dans les déchirements; enfin le mot *révolution* est une hydre, un Briarée distillant le poison, enfantant les bourreaux, et étendant ses cent bras pour tout ravager et tout détruire.

Mais ce n'est là qu'un masque; le mot ne les effraye guère, et ce qu'il signifie aujourd'hui ne les épouvante pas davantage. Ils savent qu'ils n'y perdraient que leurs places, et comme ils sont bien aises de les conserver, ils ne voudraient pas de révolution.

Mais ce mot *révolution* a un tout autre sens pour l'homme sage, pour l'observateur qui profite des leçons du présent, et ne sait point dédaigner celles du passé. Pour lui, c'est une crise nécessaire de la progression des siècles, des lumières et des besoins des peuples. Pour l'homme de sens, une révolution n'est que le résultat des souffrances du peuple et des refus des gouvernans à les soulager. Qui dit révolution, dit lutte contre l'oppression, résistance à l'arbitraire, tendance à l'équilibre des droits et des devoirs. Partout donc où ce combat s'engagera, il y aura révolution; et, partout où il y aura oppression du peuple, tendance à l'humilier, à le vexer, à le surcharger d'impôts, à établir des priviléges à son détriment, on touchera à une révolution. Si, d'un autre côté, on veut priver le peuple de son droit de délibérer sur les affaires publiques, droit qui remonte aux temps les plus reculés(1); si l'on veut lui refuser d'émettre librement sa pensée; si l'on veut démoraliser et discréditer les grands corps constitués; si l'on veut comprimer les consciences, il y aura révolution.

Mais je consens un moment à m'effrayer de la possibilité d'une révolution; je veux la supposer plus terrible encore qu'elle ne l'a été; qu'arrivera-t-il? La réponse serait difficile sans doute; et, devant un avenir

(1) Romulus accorda au peuple le droit de donner son suffrage dans les affaires publiques et de choisir lui-même ses magistrats dans l'ordre des patriciens. Il fut décidé que l'on n'entreprendrait aucune guerre, et que l'on ne conclurait aucune paix sans la participation et le consentement du peuple. Enfin Romulus permit au peuple de faire des lois lorsqu'il serait assemblé dans la grande place. (Ces assemblées s'appalaient *Comitia.*)

Il permit encore à chaque plébéien de se choisir, dans l'ordre des patriciens, un patron qui serait obligé de le protéger et de faire valoir ses droits chaque fois qu'il aurait besoin de son secours. (Romulus permit, par la suite, au plébéien de tuer son patron s'il trahissait ses intérêts).

Sous les Francs établis dans les Gaules, les cités s'assemblaient par députés, et tenaient des espèces d'états généraux dans lesquels elles délibéraient et prenaient des résolutions touchant les intérêts communs.

aussi incertain, il vaut mieux, j'en suis d'accord, chercher à l'éviter. Comment alors s'y prendre? Ses ennemis, c'est-à-dire les prétendus amis exclusifs du trône, disent: *il faut rendre le Roi absolu; la nation, si on veut bien l'appeler, n'aura que le droit de conseil, et le Roi fera son bon plaisir: si voudra le Roi, si voudra la loi.* Accordé pour un instant. Mais alors vous voulez donc l'ancien ordre de choses? hé bien, accordé encore. Lorsque vous l'aurez, vous aurez donc les parlements?... Si vous avez les parlements, le Roi ne fera pas tout ce qu'il voudra, car ces parlements pourront refuser l'enregistrement; s'ils le refusent, il n'y aura point de lois, point d'édits; s'il n'y a ni lois ni édits, il n'y aura point d'impôts; s'il n'y a point d'impôts vous n'aurez pas d'argent, et s'il n'y a point d'argent vous ne pourrez rien faire, vous n'aurez rien. Je me trompe, il y aura beaucoup: il y aura encore une fois lutte entre la cour ou le gouvernement, et les parlements, et vous serez forcément ramenés à cette époque qui produisit 89, c'est-à-dire à celle où il fallut convoquer la nation pour déterminer le pouvoir, lui donner de la légalité.

Voulant éviter une révolution, vous y serez entraîné par la force des choses.

On ne peut pas être plus savant que l'expérience, c'est ce qui donne aux vieillards leur autorité; voyons donc le passé. Que furent les rois de France depuis les Maires du palais jusqu'aux parlements qui voulurent régner à leur place? On peut y répondre par ce peu de mots : ou le trône dut céder, ou il dut multiplier les coups d'autorité pour user de toute sa puissance. Mais que furent ces mêmes rois soutenus par le peuple en assemblée sous le nom d'*états-généraux?* Un résumé rapide va le faire connaître. Ce résumé est important, car il vous fera apprécier, Sire, l'imprudence, l'ignorance des conseillers qui ont osé vous pousser à éloigner de vous cette assemblée qui seule peut sauver l'Etat et la monarchie.

« Ce fut par des assemblées d'états-généraux qu'en 1301 et 1303 Philippe-le-Bel parvint à maintenir son autorité contre les entreprises de la cour de Rome. Dix ans après, abandonné des seigneurs qui refusaient également les subsides et le service militaire, ce prince eut recours aux états-généraux, et reçut d'eux, par acclamation, ce que ses commissaires ne pouvaient obtenir en vexant les provinces. En 1328, Philippe dut sa couronne aux états assemblés.

» Quel aurait été, après lui, le sort du roi Jean, vaincu et fait prisonnier, si la sagesse de son fils, depuis Charles V, n'avait pas eu recours aux états-généraux? La démence de Charles VI lui aurait infailliblement fait perdre le trône, si les états-généraux, convoqués plusieurs fois, n'avaient pas maintenu son autorité, en réprimant successivement touts les abus.

» Ce ne fut de même que par la convocation des états-généraux que Charles VII obtint les secours nécessaires pour conquérir son royaume, et achever d'expulser les Anglais.

» Combien Louis XI lui-même ne retira-t-il pas d'avantages des assemblées d'états? Loin de restreindre son autorité, elles furent le principe de son accroissement; il s'en applaudissait, et se vantait d'avoir mis les rois hors de page. A qui le devait-il? Aux états-généraux, qui, seuls, avaient pu réprimer, en 1470, la guerre du bien public et les entreprises du duc de Bourgogne.

» Les états de Tours, en 1483, ramenèrent l'ordre et l'aisance dans le royaume épuisé. Ils se séparèrent, dit Commines, en assurant Charles VIII que, s'il avait besoin d'argent, ils lui en bâilleraient à son plaisir; et que, s'il avait guerre ou quelqu'un qui le voulût offenser, ils y mettraient leurs personnes et biens, sans lui rien refuser de ce qui lui serait besoin.

» C'est dans une assemblée semblable que Louis XII reçut le prix le plus flatteur de ses vertus, le nom de *Père-du-Peuple.* »

Voilà, Sire, des autorités nombreuses, mais il en est une plus imposante encore pour vous, que vous ne récuserez pas, c'est celle de votre aïeul, ce bon Henri IV, dont vous revendiquez si justement la mémoire, les bienfaits, les qualités et les bonnes intentions, et dont la nation chérit tant le souvenir. Voici comment il s'exprimait devant l'*Assemblée des notables* convoquée à Rouen, en 1596.

» Si je faisais gloire de passer pour excellent orateur, j'aurais apporté ici plus de belles paroles que de bonne volonté; mais mon ambition tend à quelque chose de plus haut que de bien parler : J'aspire au titre de libérateur et de restaurateur de la France. Déjà par les conseils de mes fidèles serviteurs, et par l'épée de ma bonne et généreuse noblesse, (de laquelle je ne distingue point mes princes, la qualité de gentilhomme étant le plus beau titre que nous possédions) (1), je l'ai tirée de la servitude et de la ruine. Je désire maintenant la *remettre en sa première force et en son ancienne splendeur. Participez, mes sujets, à cette seconde gloire, comme vous avez participé à la première. Je ne vous ai point ici appelés comme faisaient mes prédécesseurs, pour vous obliger* d'APPROUVER AVEUGLÉMENT MES VOLONTÉS ; *je vous ai fait assembler pour* RECEVOIR VOS CONSEILS, POUR LES CROIRE, POUR LES SUIVRE ; *en un mot, pour me* METTRE EN TUTELLE ENTRE VOS MAINS : *c'est une envie qui ne prend*

(1) Dans le discours que fit Monsieur à l'Assemblée des notables, il prit le titre de *gentilhomme*.

*guère aux rois, aux barbes grises et aux victorieux comme moi ; mais l'amour que je porte à mes sujets, et l'*EXTRÊME DESIR QUE J'AI DE CONSERVER MON ÉTAT, *me font trouver tout facile, tout honorable.* »

Comment, Sire, s'exprimait-il votre frère, Louis XVI, en 1788, au 8 août, jour où, en 1829, vous avez nommé ce ministère, objet de tant de craintes et d'effroi ? Voici les propres paroles de son Édit pour la convocation des états-généraux : « J'annonce à mes sujets que c'est avec satisfaction que j'envisage le moment où je me trouverai environné des représentans de la nation généreuse et fidèle que j'ai le bonheur de gouverner. Je suis assuré de recueillir les heureux effets de leur zèle et de leur amour; je jouis d'avance du consolant espoir de voir des jours sereins et tranquilles succéder à des jours d'orage et d'inquiétude; l'ordre renaître dans toutes les parties, la dette publique être entièrement consolidée, et la France jouir, sans altération, du poids et de la considération que lui assurent son étendue, sa population, ses richesses et le caractère de ses habitants.... Je ne négligerai rien pour procurer ces avantages à mes peuples; et, fidèle au système dont l'intérêt public, encore plus que celui de mon autorité, ne me permet pas de m'écarter, je ne tolérerai point qu'aucuns corps particuliers transgressent les bornes qui leur sont prescrites, EN MEME TEMPS QUE JE ME PLAIS A REMETTRE LA NATION DANS L'ENTIER EXERCICE DE TOUTS LES DROITS, QUI LUI APPARTIENNENT. »

Comment s'exprima ensuite, au 1er mai suivant, votre auguste frère dans son discours aux états? « Un long intervalle s'est écoulé depuis les dernières tenues des états-généraux; et quoique la convocation de ces assemblées parût être tombée en désuétude, je n'ai pas balancé à rétablir un usage dont le royaume peut tirer une nouvelle force, et qui peut ouvrir, à la nation, une nouvelle source de bonheur. ... Les esprits sont dans l'agitation; mais une assemblée des représentants de la nation n'écoutera sans doute que les conseils de la sagesse et de la prudence. Vous aurez JUGÉ VOUS-MÊMES, Messieurs, qu'on s'en est écarté dans plusieurs occasions récentes (1); mais l'esprit dominant de vos délibérations répondra aux véritables sentiments d'une nation généreuse, et dont l'amour pour ses rois a toujours fait le caractère distinctif. »

Quelle sont les paroles attribuées à S. M. Louis XVIII, votre auguste frère, en avril 1814 (2).

« Cette couronne, s'écriait le prince qui méditait la Charte, « cette couronne, comment la porter avec une dignité qui réponde à la hauteur des circonstances? La carrière est belle, mais elle est difficile. Il faudrait un grand homme pour gouverner un grand peuple... Cette sollicitude m'affecte et ne m'accable pas. Si je ne suis pas un héros, je serai un prince éclairé et un bon roi... Dans la position où je me vois, je suis tout au présent, je me souviens à peine du passé... Oui, je serai en harmonie avec le cours nouveau des

(1) Louis XVI entend parler ici de ce qui venait de se passer dans les *Lits de justice*, où les princes, les magistrats, les pairs, les prelats, et même le capitaine des gardes, qui y assistaient, avaient élevé reciproquement les prétentions les plus exagérées.

(2) *Voyez* l'Histoire de Louis XVIII, par M. Antoine.

» choses. Je n'entraverai point ces idées libérales qui animent l'Europe... J'aurai les » moyens de favoriser l'élan généreux, si » heureusement signalé dans toutes les par» ties du monde civilisé... Maintenant les » rois reçoivent la lumière de ces mêmes » peuples redevables du flambeau aux » princes que l'éducation avait élevés au» dessus de leur siècle... Le prince Charles» Philippe, mon frère, les princes, mes ne» veux, sont animés du même esprit. Les » catastrophes ont agi sur nous... *Nous cons» pirerons touts pour couronner en tout le » vœu national.* »

Et enfin quelle est encore la profession de foi politique que vous fîtes vous-même, Sire, à la même époque, à la députation des sénateurs qui venaient de prononcer la déchéance de Napoléon (1).

« J'ai pris connaissance de l'acte constitu» tionnel qui rappelle au trône de France » le Roi, mon Auguste frère; je n'ai point » reçu de lui le pouvoir d'accepter la con» stitution; mais je connais ses sentimens et » ses principes, et je ne crains pas d'être

(1) *Voyez* l'Histoire de Charles X.

» désavoué en assurant, en son nom, qu'il » en admettra les bases. Le Roi, en déclarant » qu'il maintiendrait la forme actuelle du » gouvernement, a reconnu que la monar- » chie devait être pondérée par un gouver- » nement représentatif divisé en deux cham- » bres; ces deux chambres sont le sénat et » la chambre des députés des départements; » que l'impôt sera librement consenti par » les représentants de la nation, la liberté » publique et individuelle assurée, la liberté » de la presse respectée, la liberté des cul- » tes garantie; que les propriétés seront in- » violables et sacrées, les *ministres respon- » sables, pouvant être accusés et poursuivis » par les représentants de la nation*; que les » juges seront inamovibles, le pouvoir ju- » diciaire indépendant, nul ne pouvant être » distrait de ses juges naturels; que tout » Français sera admissible aux emplois ci- » vils et militaires; voilà, ce me semble, » Messieurs, les bases essentielles et néces- » saires pour consacrer touts les droits, tra- » cer touts les devoirs, assurer toutes les » existences et garantir notre avenir. »

Il devient donc évident, maintenant, Sire,

que quelles que soient les calomnies et les déblatérations dont les états-généraux ont été l'objet, ils furent une institution qui consolida et sauva tour-à-tour le trône et l'état.

Ainsi attaquer notre chambre des députés, qui n'en est que la continuation, vouloir la briser, ce serait repousser les organes par lesquels les besoins de votre peuple et la vérité peuvent arriver jusqu'à vous.

Croyez qu'ils vous abusent, qu'ils vous trompent, Sire, qu'ils vous poussent à la désorganisation, au désordre, à une anarchie aristocratique, ceux qui prétendent, qui vous répétent sans cesse qu'avec une chambre des députés vous serez moins puissant. C'est cette chambre qui vous assure cette liste civile, qui vous rend vingt fois plus riche que vos prédécesseurs; c'est cette chambre qui seule peut commander la confiance qu'on vous doit en la propageant dans les provinces; de nouveaux fauteurs d'une nouvelle ligue, de nouveaux conseils d'une Marie de Médicis ne sauraient plus la corrompre. Il n'y a qu'une chambre des députés qui, puisse proposer, délibérer, exécuter de grandes choses. Les députés seuls pourront, (à l'aide de la Chambre des pairs), nous délivrer de la loterie et de ces autres maisons de jeux qui ont fait plus de mendiants et de scélérats qu'elles n'ont nourri d'infortunés (1). C'est la Chambre des députés *seule* qui peut diminuer ces impôts qui écrasent le peuple, et détruire les monopoles. Ce sont les députés, Sire, qui seuls peuvent vous faire connaître le degré de la force du peuple, les ressources qu'il peut présenter au besoins de l'état. Ce seront les députés qui, touts les ans, viendront vous signaler les défiances et leurs causes, les inquiétudes et les murmures, et vous donner les moyens de les calmer et de les faire disparaître.

C'est la Chambre des députés qui vous informera des résistances, et ce ne seront jamais des flatteurs qui se chargeront de ce rôle pénible.

Voyez, Sire, quelle consternation a suivi l'ordonnance de prorogation! On s'est tu; mais c'est de ce silence *qui est la leçon des rois*...La dissolution de la Chambre allume-

(1) Le produit de la Ferme des Jeux est abandonné à la ville de Paris, qui le distribue aux hôpitaux.

rait peut-être un incendie, car le peuple en est arrivé à ne pouvoir se passer de rapports avec son roi, et les députés peuvent seuls être son intermédiaire.

D'ailleurs, la participation à la confection des lois est une idée-principe accréditée, acquise pour jamais à la nation. Le peuple a fait l'essai de sa force, il la connaît; elle devient terrible poussée par la nécessité...

A quelles calamités nouvelles vous exposeraient des conseillers qui provoqueraient cette force! ah! les effets m'épouvantent! Non, Sire, vos conseillers actuels ne peuvent rien obtenir; leur déconsidération ne peut porter pour vous que les fruits les plus amers: les Suisses, nos voisins et nos alliés, les regardent comme le produit d'une *révolution* (1). Wellington, le protecteur du prince romain président du conseil, ne dit-il pas (2) *que si M. de Polignac reste, avec ses collègues, à la tête des affaires, il amènera, nécessairement, une combustion générale, et qu'il est de l'in-*

(1) *Constitutionnel* du 29 mars 1830.

(2) *Ibid.*

térêt de toute l'Europe de l'engager à quitter le pouvoir.

Ces paroles sont tristes et de plus singulières, car, après les avoir lues, on se demande : quel peut donc être l'autorité ou l'ascendant d'un ministre repoussé également et par les cabinets étrangers et par sa nation, et qui, cependant, est assez fort pour leur résister et garder son portefeuille?

C'est une résistance, il est vrai, qu'il ne manque pas sans doute de décorer à vos yeux du titre pompeux d'énergie de caractère; mais la résistance n'est pas de la force.

Sire, une voix sacramentelle a dit à vos ministres qu'ils *avaient joué la monarchie*; et ils ne cessent de poursuivre le système qui a provoqué ces paroles. Ils n'ont cessé de repéter : *plus de concessions*... Mais que signifie enfin cette mystérieuse phrase, *plus de concessions?* Tout en criant à la *révolution*, veulent-ils aussi les proscriptions de Pitt? leur faut-il aussi de tristes et de terribles hécatombes? leur faut-il de la terreur et de l'effroi? leur faut-il encore des cours prévôtales, ou même davantage?....

Mais, Sire, ce serait décidément la guerre

du pouvoir contre la nation; et que répondraient vos ministres, si, à son tour, la nation leur disait : Ma plus belle prérogative, ma première souveraineté est de pouvoir changer ma position quand elle me blesse; je ne sais si celle que je prendrai ne sera pas plus mauvaise, mais retirez-vous ? Oseraient-ils alors, quoique leur audace soit sans égale, se retrancher derrière la royauté? les misérables! que le ciel les en garde! Ce qui perdit la royauté ce fut le mal qu'on fit en la prenant pour prétexte, car elle ne le fit jamais; ce qui fit toujours tant de mal à la royauté, c'est cette masse rongeuse, dévoratrice qui dans touts les temps ne se pencha vers elle que pour l'entraîner dans un abîme.

Les véritables anarchistes sont donc ceux qui provoquent ou entretiennent les désordres.

Nous ne sommes point au temps où la politique étrangère criait sans cesse *justice* et *vengeance*. Non, Sire, tout est calme encore au milieu des *inquiétudes réelles*; toutes les pensées sont dans la légalité, touts les Français la demandent. Hâtez-vous donc de fermer ces bouches qui n'y répondent que par le mot *absolutisme*, expression barbare qui ne présente que des oppresseurs et des opprimés.

Vous pouvez interpeller vos ministres, Sire. Eh! bien, quand ils ne cessent de raviver dans votre mémoire les tristes souvenirs d'une funeste époque, de la présenter encore menaçante des mêmes déchirements et des mêmes forfaits, demandez-leur donc si ces déchirements et ces forfaits ne furent pas les torts d'une mauvaise législation, de législateurs plus imprudents, ou plutôt de l'anarchie? (1) Vous êtes certain de la réponse, et alors vous pourrez leur dire : puisque, vous aussi, vous êtes législateurs, puisque vous êtes mes ministres, puisque vous êtes mes amis si zélés, proposez-donc des lois qui posent des bornes que nul ne pourra franchir, des lois qui garantissent contre des crimes qui ne furent que le

(1) Le langage de nos absolutistes est vraiment la fable du *Loup* et de *l'Agneau*. N'est-il pas ridicule, disons plutôt exécrable, de vouloir rendre une nation entière, et *même sa postérité*, complices des crimes qu'elles n'ont point commis! Quelques brigands armés, quelques hommes égarés qui les suivent ne font point une nation et encore moins sa postérité.

résultat d'un marché conclu, marché dont mon peuple ne fut jamais le signataire, car pour l'honneur de la France, de ma belle et généreuse France, ce furent des mains étrangères qui dirigèrent les bras des bourreaux.

Eh! puis, Sire, rappeler sans-cesse nos malheurs, n'est-ce pas un attentat contre les mœurs, une souillure criminelle, puisqu'elle est volontaire? Un tel langage ne dit-il pas : nous avons besoin de haine, il faut la fomenter, l'entretenir pour en profiter!.. Non, Sire, ce n'est point là le langage de gens de bien, de bons citoyens; *quand le roi de France oubliait les querelles du duc d'Orléans*, son ministre ne l'en faisant pas souvenir.

Ordonnez-donc, Sire, ainsi que la Charte la voulu, qu'un voile impénétrable couvre un passé assez loin de nous pourqu'on l'oublie; ordonnez de plus qu'il ne soit plus question de ces *dénominations* qui entraînèrent tant de calamités.

Mais, ainsi que vous l'a représenté la Chambre des députés, renvoyez des ministres qui ne sont ni dans le goût, ni dans les vœux de la nation. Réfléchissez sur les intrigues qui ont amené la disgrâce rapide de M. de La Bourdonaye? Celui-là était artificieux, hardi, entreprenant; personne, plus que lui, Villèle, peut-être, excepté, n'était capable de former, au besoin, contre l'autorité même, de réunir, de diriger une cabale dangereuse; eh! bien, qu'a-t-il donc pu faire, comploter secrètement ce La Bourdonnaye pour devenir si promptement suspect aux siens? dira-t-on qu'il était dur, brusque, impérieux, brutal même? Personne n'aperçoit, que je sache, d'autres manières, d'autres formes dans ses collègues.

Oui, Sire, vos ministres sont encore plus que tout cela, des ignorants et des insensés s'ils prétendent résister au cri des temps toujours si bien compris par les peuples. Comment ont-ils pu croire qu'une nation entière puisse abdiquer sa raison et ses conquêtes? Quel esprit de vertige a pu leur suggérer qu'ils pourraient rétablir une servitude ruinée par un demi-siècle de résistances et de combats? Quel aveuglement a pu leur faire espérer d'éteindre ce sentiment de liberté qui a trente millions de sectaires, ses ministres et ses autels? Ah! il fallait être en délire pour supposer même qu'on pourrait rattacher à la glèbe, transformer en *gens de pôte*, des hommes libres par leur volonté, et travaillant à se constituer tels par les lois!

S'ils s'étaient comptés, ils auraient reconnu qu'ils n'étaient qu'une poignée de petits tyrans sans capacité comme sans force, car ce qu'ils ont fait, par eux-mêmes, est ridicule, et la prorogation de la Chambre des députés est un acte de votre pouvoir qui ne pouvait émaner que de vous.

Au 8 août, ils se disaient gros de merveilles; jamais thaumaturges politiques ne durent leur être comparés... Eh bien! qu'ont-ils fait? Ils ont poursuivi *les marionnettes*, inspecté les abattoirs, donné aux bouchers une ordonnance dont ils se plaignent; ils ont destitué un maire et un préfet du choix de M. de Martignac, homme d'état un million de fois plus capable qu'eux tous (il est vrai qu'ils se proposent de faire plus); ils ont *fait arrêter illégalement un officier de votre suite;* ils ont protégé un corps ennemi de votre famille et de la France; voilà pour leur administration. Comme écrivains, ils ont injurié, insulté la nation; comme orateurs, ils n'ont su rien dire, rien expliquer, et leur premier discours, à la tribune, les condamne à un éternel mutisme..... Sont-ce là des hommes capables d'étendre la force et l'autorité du gouvernement?

Dans leurs hôtels percés à jour, ils n'ont pu dérober la félonie ou l'ignorance qui leur avait fait livrer le cabinet français au cabinet britannique, et tout ce qu'ils ont produit, c'est d'avoir allarmé touts les citoyens, compromis la paix publique, soulevé toutes les appréhensions, et disposé peut-être les esprits à une réaction.

Au milieu de la misère publique que vous vous êtes empressé de soulager, qu'ont-ils fait? Ils ont entouré de contrariétés l'établissement si éminemment philantropique de M. Debelleyme, de ce citoyen si vertueux, de ce magistrat si intègre, si consciencieusement juste et religieux (1), de cet homme

(1) Eux aussi, se disent religieux, et ils ont cependant empêché qu'un prêtre, chargé de 77 années, victime de 37 ans de persécutions, ne pût déposer ses doléances aux pieds de Votre Majesté, quand pourtant vous lui aviez promis justice, l'un de vos ministres actuels, présent; quand vous aviez dit à

auquel vous avez voulu continuer une confiance méritée, et auquel ils n'ont pu pardonner un refus qui dénonçait l'odieux de leur alliance.

Je le répéterai, Sire, les temps sont changés : ils ont créé d'autres idées ; ils ont amené d'autres besoins, d'autres nécessités. Autrefois la couronne n'avait à s'occuper que d'étendre et d'affermir sa puissance, aujourd'hui le peuple s'interpose et lui prescrit d'en régler l'usage. Il faut un contrepoids entre les administrateurs et les administrés. La noblesse est envahissante autant par nature que par goût et que par habitude, elle l'est encore par calcul et surtout par souvenirs ; mais les peuples ont appris aussi comment ils faisaient un corps, qu'elle

ce prêtre : vrai prêtre de Jésus (M. E. Pacot, ancien curé) : « *Revenez à moi, mais dans un temps plus calme, et alors que mon auguste frère sera rétabli dans sa légitime autorité, je vous ferai rendre la justice qui vous est si légitimement due.* » Mais ce prêtre s'est conformé aux prescriptions de Louis XVI, dans son Testament : Il ne s'est point rendu coupable d'un *faux zèle, ni d'un zèle mal-entendu* ; il a défendu l'autel contre les iconoclastes, et la religion contre ses ennemis ; il a été fidèle aux lois de son pays ; voilà pourquoi, sans doute, il est condamné à vivre dans la misère, à veiller les morts pour subsister, et celà, après 52 années de prêtrise, d'un ministère qui honore l'ecclésiastique et le citoyen !

èst leur utilité, et par conséquent qu'elle est ou doit être leur influence dans les délibérations publiques.

L'aristocratie tend sans cesse à détruire les constitutions; le peuple ne vise qu'à les établir, à les maintenir, autrement, s'il entrevoit l'esclavage, il cherche plus de bonheur sous de nouveaux maîtres.

C'est presque toujours ce qu'un peuple tente quand il est parvenu à connaître sa supériorité sur ceux qui dirigent les affaires.

Je ne dis pas qu'il serait impossible à vos ministres d'élever une digue contre ce que les lumières ont fait. Peut-être à force d'efforts, de résistances, de compression, parviendraient-ils à suspendre, momentanément, la marche de la civilisation, mais ce ne serait que reculer l'explosion et s'exposer à la rendre peut-être plus violente et plus terrible.

Ils pourraient peut-être organiser l'administration de manière à dérouter toutes les idées et toutes les vues nouvelles, à former un pouvoir en opposition évidemment caractérisée avec l'opinion et l'époque, mais jamais ils ne pourraient persévérer, et, dès l'instant qu'ils rétrograderaient, fissent-ils même une combinaison nouvelle mixte, ils mettraient leur propre position en question.

Je ne dis pas que dès-lors il prendrait au peuple fantaisie d'aller plus vîte, parce qu'il jugerait qu'il y aurait dans leur concession de la faiblesse ou de la peur, mais la secousse serait poussée, accrue par les grands eux-mêmes qui s'agiteraient, qui craindraient d'être de nouveau abaissés, assujétis, et ne tenteraient rien moins que de briser un pouvoir dont ils n'auraient pas l'entière répartition. Cette vérité se trouve consignée à chaque page de notre histoire : rarement le peuple a abusé des *libertés qu'on lui a concédées*, et les grands ont toujours fait du pouvoir une *violence* continuelle. Le peuple procède toujours avec mesure, sagesse, économie, raison, bienveillance et timidité même, tandis que les grands ne marchent qu'avec témérité, et qu'inflexibles dans leurs prétentions despotiques, ils jétent, sément devant eux leur orgueil, leur insolence et leur prodigalité; ce sont autant de Philippes de Valois qui ne se réveillent aux cris de la justice que quand il n'est plus temps de l'exercer.

Sire, il n'appartenait guère, peut-être, à un sujet aussi obscur que moi, de déposer aux pieds de votre trône des vérités aussi tristes, mais mon cœur m'a pressé, et devais-je résister à cette voix intérieure qui commandait à l'amour que je vous porte, ainsi qu'à ma patrie, de vous donner un témoignage de ma franchise et de mon dévouement?

Oui, Sire, j'ai dû vous dire ma pensée, si j'ai cru qu'on vous trompait; si j'ai soupçonné qu'en vous montrant l'absolutisme on vous conduisait à de grands dangers. J'ai dû élever ma voix jusqu'à votre trône, Sire, surtout si j'ai cru voir qu'on tentait de vous placer dans une dépendance funeste.

Mais le mal n'est pas encore consommé, et il dépend de vous, Sire, de le prévenir. Abaissez sévèrement vos regards sur vos conseillers, suivez-les, et rien ne vous sera plus facile que de vous convaincre que leurs calculs politiques n'embrassent que quelques jours, au plus quelques semaines, tandis qu'ils devraient être faits sur l'existence du peuple, sur la de durée l'état, sur l'éternité de votre couronne.

C'est ce défaut de portée de leur vue, qui a produit toutes leurs variations, leurs retours sur le passé, leur marche toujours chancelante; de là aussi cette couleur de mauvaise foi qui ne réussit qu'à Alexandre VI, et perdit touts ses imitateurs.

Dans l'état des choses, il n'y a plus que deux moyens à employer ; *celui de la force* et *celui de la loi.* Ce dernier est le besoin actuel, la nécessité de l'époque; et l'autre, indépendamment qu'il a brisé touts ceux qui y ont eu recours, serait certainement le plus dangereux, car il n'y a rien de plus terrible que les réactions des peuples.

Ce moyen de légalité, Sire, vous le trouverez dans votre Chambre des députés, parmi ces hommes chez lesquels la force s'allie aux vertus civiques, et le courage au dévouement, la modération à la sagesse.

Après la *prorogation* de cette Chambre, on osera peut-être vous proposer de la dissoudre, mais résistez, Sire, revenez à cette Chambre fidèle. Je vous ai parlé de sa modération, en voici la preuve la plus éclatante : dans l'adresse qu'elle a déposée à vos pieds, elle s'est contentée de demander le renvoi de vos ministres, elle eût pu faire bien plus, elle eût pu les accuser de haute trahison. Demander leur renvoi, c'était donc demander leur grâce, mais une grâce plus grande que n'était la faveur qui, au 8 août, les avait élevés au rang de vos conseillers.

J'ai dit que la Chambre des députés eût pu les accuser de haute trahison ; je m'explique : le premier et les plus impérieux des devoirs de vos ministres est une administration en tout conforme aux lois, et de vous informer ensuite de l'état de ce royaume qui attend de vous la paix, la richesse et le bonheur; ils ont manqué à tout cela. De plus il existe en France des hommes qu'un arrêt célèbre a proscrits; ces hommes accaparent toutes les fortunes l'instruction publique, et poursuivent en paix, comme dans l'ombre, le cours de leurs envahissements.

Vos ministres vous doivent la vérité sur l'état prospère ou de gêne de votre peuple ; ils ne se sont pas contentés de le voiler, ils ont empêché que cette vérité, aussi réelle que triste, ne parvînt jusqu'à vous dans toute sa nudité, en éloignant les organes de la nation, ses délégués, qui vous eussent fait entièrement connaître les plaintes, les espérances, les désirs, les vœux d'un peuple qui vous chérit. Ils ont craint pour eux cette énergie de franchise qui eût fixé à jamais leur destinée; ils ont redouté cette raison qui, en éclairant votre âme généreuse, vous eût ouvert une carrière de plus de reconnaissance et de benédictions.

Oui, Sire, cette prorogation qu'ils ont sollicitée, disons mieux, qu'ils vous ont arrachée, qui a fermé à votre peuple les issues de votre trône, constitue plus que l'altération des principes qui sont leur règle, plus qu'une atteinte aux sentiments qui sont dans votre noble cœur.

C'est encore et toujours à vos ministres que je m'adresse : ils ont violé la Charte, puisqu'ils ont rompu la balance qui équilibre les droits du peuple avec les actes de l'administration. Ils restent ministres; il y a constamment pour eux égalité d'action et de puissance; dans la nation et pour la nation, il y a suspension de ses droits, il y a inertie, il y a une véritable atteinte à son caractère législatif. Si les ministres sont alors oppresseurs, le peuple sera sans défenseurs; il sera frappé d'interdiction provisoire. Eh! quelle rage d'envahissement de pouvoir les tourmente donc! Ce pauvre peuple qui aime et paie, souffre et se tait, n'exerce qu'un seul acte de *souveraineté*, et cet acte est encore un objet d'envie! Ces deputés si dociles et si généreux, si calmes et si amis de l'ordre, n'exercent qu'un acte de *représentation*, et on le leur jalouse!

Je ne voudrais point recourir à aucun exemple pris dans cette triste époque dont on ne vous a que trop fatigué, Sire; je voudrais en fermer les pages pour jamais, mais puisque j'y suis forcé, par la circonstance, je leur demanderai, à vos ministres, s'ils ne ressemblent point à cette poignée d'individus qui ne cessaient de tourmenter, de contrarier, de provoquer, d'agiter le corps auquel nous sommes redevables des plus belles institutions? C'était une mesure désorganisatrice qu'elle employait, et elle ne voulait point organiser...

Qu'ils sont coupables! Mais leur méprise

est encore plus grande : ils ne voient pas qu'on ne saurait point abaisser un peuple qui s'est élevé au régime des lois, et que ce même peuple, qui a brisé ses chaînes par son courage, l'énergie et l'honneur, a, comme Achille, été trempé dans les eaux du Styx.

Il n'y a donc plus, je le répète, qu'une alternative; celle de l'établissement de la légalité, de lui rendre sa vigueur et sa force ou de s'attendre à cette roideur qui l'imposera. Ce sera là cette révolution que je comprends, que je regarde comme nécessaire, inévitable, qui ne touchera point au trône, à la fiction conservatrice des monarchies représentatives, mais qui consolidera le nouveau pacte social accepté, ratifié par l'accueil de la nation, et qui en fixera le sort au besoin.

Je dis que cette révolution, qui n'est dans ses résultats qu'une organisation, est inévitable, parce que, pour l'empêcher, il faudrait reconstruire un édifice immense dont les ruines sont dispersées, et il n'y a point de main assez forte pour en rassembler les débris. Les chartes féodales, les parchemins de nos illustres orgueilleux, ne sont plus que le drapeau des vaincus. Rêver qu'il serait possible d'en rassembler les lambeaux, serait la plus grande calamité; car alors quelle carrière ouverte à l'ambition, aux passions, à la médiocrité même qui s'empresserait de prendre la place qu'on lui aurait refusée.

Mais vous le savez heureusement; Sire, le peuple français ne songera jamais à briser son joug lui-même, si on lui prouve qu'on veut le lui ôter. Il s'en croira débarassé dès qu'il verra des limites posées aux abus et à l'exercice du pouvoir; dès qu'il verra de la bonne foi et de la loyauté dans l'administration.

Voyez, Sire, quelle gloire et quel respect s'attachent au nom de votre frère? C'est parce qu'en donnant la Charte il semble s'être oublié lui-même et s'être plus occupé de ses sujets et de leur postérité. Qu'est-ce qui consolida en effet si fortement votre couronne sur la tête de votre frère? C'est que la déclaration de Saint-Ouen se fondait dans les souvenirs qu'avait laissés la déclaration du 1er octobre 1789, et que l'on croyait déjà voir la tyrannie du gouvernement militaire, les prétendus droits de l'arbitraire s'anéantir devant les droits que la raison et l'équité naturelle proclamaient. La Charte redonnait la vie à des principes reconnus, mais qui encore une fois venaient d'être foulés aux pieds; elle remettait en circulation des vérités utiles, d'accord avec les lumières et les besoins des temps; elle réfléchissait enfin ces idées d'égalité, de piété, de générosité, par lesquelles les cœurs français s'entendent si bien avec la nature.

Quiconque pourrait aujourd'hui tenter de porter sur cette Charte une main sacrilége devrait être traité comme un conspirateur, et celui-là serait coupable de lèze-majesté, qui conseillerait à son prince le parjure.

Eh bien! Sire, entre autres violations de la Charte, je rappellerai celle qui vous est connue par la destitution de M. de Ses-Maisons. Il n'avait exercé que son droit de citoyen, et, dans sa qualité de député, son vote devenait d'autant plus sacré, d'autant plus réspectable qu'il était appelé à maintenir l'ordre, à le défendre, ainsi qu'à débattre et déterminer les intérêts des membres de notre union politique et sociale.

Cette destitution, Sire, a été un acte des plus imprudents et des plus maladroits : il a révélé des passions qui ne peuvent se calmer ; il a révélé une colère, une violence, une tyrannie d'oppresseurs qui ne peuvent souffrir de résistances, qui ne veulent rien perdre de la puissance absolue qu'ils jalousent, de la déférence aveugle sans laquelle il n'y a point de part possible à leurs faveurs.

La nation française est lasse de ces ignobles vengeances qui la reportent au temps des tempêtes, et elle ne manquera pas de les stigmatiser de ces censures qui ont déjà été accueillies au tribunal de l'opinion. Voilà comme une rigueur injuste entraîne une rigueur méritée, et comment l'intérêt de tous inflige à une administration la peine d'un châtiment qui passerait bientôt d'un particulier à la généralité des fonctionnaires consciencieux. Il ne faut plus s'étonner alors des déterminations énergiques, des luttes qui s'engagent et des mesures hardies qui rendent au pouvoir stupeur pour stupeur.

Mais, Sire, vos sujets vous connaissent; ils voudraient dérober à l'infortune ces années qu'elle vous a ravies, pour les ajouter à celles que, par eux, vous devez couler dans le bonheur et dans les preuves de leur amour. Rappelez-donc leurs représentants, vos meilleurs, vos plus dévoués, vos plus fidèles amis.

Les Français savent touts, Sire, qu'il ne sortit jamais de votre bouche que des paroles obligeantes; tenez donc pour ennemis ceux qui ont pu vous conseiller le reproche et la menace. Votre cœur français, ouvert, sans fard, peut, mieux que tout autre, juger les amis des ennemis de votre royaume. Ces hommes qui nous pressent, que nous répudions, n'ont triomphé de leur obscurité que par l'éclat de leurs excès; le bruit qu'ils ont fait n'est que celui du tumulte et de la rumeur; leurs flatteurs, leurs apologistes sont des êtres flétris par des déclamations turbulentes, et la plupart ne se sont rachetés de l'opprobre que par l'impudence! Les uns ont insulté aux talents, au malheur, fait rougir les lois; les autres ont fait commerce de leur conscience au prix du sang de leurs concitoyens, de la gloire et de l'indépendance de leur patrie; il y a eu fraude dans les paroles comme dans les scrutins; enfin les mains des uns se sont attaquées à nos couronnes militaires, tandis que les autres déchiraient nos couronnes civiques.

Alors donc, Sire, que vous êtes pour votre peuple un objet de respect et d'idolâtrie, que chacun connaît votre générosité et votre piété, quel est celui de vos sujets qui ne viendrait point déposer à vos pieds les sentiments qui l'agitent? C'est pénétré de cette pensée que, dans ma confiance, je vous répète le cri, le vœu de la France. Non, votre justice ne voudra plus des lois remplies d'abus, ni des hommes qui ne s'occupent que de les étendre et de les propager. Vous vous êtes déjà empressé de soulager la misère, il en reste encore beaucoup à secourir... Les véritables talents, vous les mettrez à leur place, les impôts, vous les allégerez, car votre principale gloire est dans la force, la richesse et le bonheur de l'état.

Dès que vous le voudrez, Sire, la brigue, la cabale et l'intrigue s'éloigneront de votre cour; et plus votre peuple sera près de vous, moins vous aurez à redouter l'importunité et la funeste influence de vos courtisans.

Quand vous le voudrez, Sire, vos ministres seront des moniteurs fidèles, véridiques, empressés, et non des tyrans ou des maires du palais.

Le grand Frédéric disait: *Le plus beau rêve qu'un homme puisse faire, c'est qu'il est roi de France;* dites, vous, Sire: Le plus beau rêve qu'un roi de France puisse faire, c'est qu'il a vu son peuple libre, c'est qu'il a rendu les arts, l'industrie, le commerce, l'agriculture de son royaume à toute leur splendeur.

Si ensuite vous avez la guerre, je veux parler de ces guerres utiles à l'Etat, qui ne soient point dans le but d'amours-propres ou d'intérêts particuliers, qui ne doivent point profiter à nos rivaux, alors vous reverrez la victoire fidèle à vos bannières, et toujours d'intelligence avec le courage français. Toujours votre peuple se rangera autour de vous pour vous bénir, prêt à répandre son sang pour l'indépendance de sa patrie, pour le maintien de votre couronne.

Que vous a-t-il demandé, et que vous demande-t-il votre peuple, Sire, qui n'embrasse sa destinée et la vôtre? que désire-t-il? si ce n'est la paix, votre grandeur, et une gloire à la tête de laquelle vous serez placé? Où verrez-vous un peuple plus religieux? mais il ne veut point de faux zélateurs, ni d'imprudents ministres. Organisez les communes, Sire, rétablissez la garde nationale, cette garde qui a rendu de si grands services, ces légions, l'élite des citoyens, ces soldats-citoyens qui représentent la force unie à l'opinion, dans les rangs desquels on a vu des généraux faire leur premier mérite d'obéir. Les armes de ces soldats ne peuvent jamais être suspectes : elles brillent également dans les mains du législateur comme dans celles de l'artisan; ce furent enfin, et vous ne l'ignorez pas, les gardes nationales qui produisirent ces cohortes dont les chants de victoire épouvantèrent nos ennemis.

Que votre destinée est grande, Sire, et qu'il vous est facile de la remplir avec un tel peuple! Ressouvenez-vous avec quelle patience, avec quelle abnégation il se soumit au régime de 1815, et comme, en 1816, il sut oublier déjà les malheurs, les persécutions, les soupçons injustes et si injurieux qui avaient pésé sur lui! Voyez comme il est confiant dans votre magistrature; quel est le calme, la gravité, la dignité qu'il porte dans les assemblées? rien de tracassier; il demande son droit, et, si on le lui refuse, il ne sait point faire violence.

Rappelez-le donc, Sire, ce peuple qui sauva vos prédécesseurs, et qui, oublié, méconnu, méprisé, foulé, revint à eux sans rancune dès qu'il en fut sollicité? Rappelez-le? et lorsqu'il s'éloignera de vous encore une fois, qu'il puisse reporter à ses frères, à vos enfants, des paroles d'union, des preuves d'amour et de soulagement.

Que nos députés puissent leur dire : Les impôts sont diminués, les droits réunis abolis comme notre prince nous l'avait promis; oui, Sire, *abolis*, car vous n'avez pas oublié ces paroles solennelles que vous prononçates il y a quarante-trois ans, cette pensée grande et juste : *Un impôt profondément vicieux ne peut etre amélioré.*

Qu'ils puissent dire, vos loyaux députés, le Roi a pour jamais éloigné de lui ces hommes dont le nom seul avait éveillé toutes les alarmes, toutes les défiances. Qu'ils puissent proclâmer ces belles paroles: Le Roi veut que vous soyez libres dans vos pensées, que vous ne soyez plus ni outragés nî insultés. Il a formé la chaîne d'obéissance qui vous lie à la loi et vous commande la fidélité à sa personne en récompense de son amour et de sa sollicitude.

Faites, Sire, que le colosse menaçant du privilége ne puisse se distinguer que par les services qu'il aura rendus à l'Etat et à votre personne auguste.

Que vos loyaux députés, Sire, vous entendent répéter, à leur retour, ces belles paroles du garde-des-sceaux de votre frère Louis XVI. « *Il est enfin arrivé ce beau jour si long-temps attendu, qui met un terme heureux à l'impatience du roi et de toute la France. Ce jour, tant désiré! va resserrer encore les nœuds de l'union entre le monarque et ses sujets; c'est dans ce jour solennel que votre roi veut établir la félicité générale sur cette base sacrée, la liberté publique.* »

« *L'ambition, ou plutôt le tourment des rois oppresseurs, est de régner sans entraves, de franchir les bornes de toute puissance légitime, de sacrifier les douceurs du Gouvernement paternel aux fausses jouissances d'une domination illimitée, d'ériger en loi les caprices effrénés du pouvoir arbitraire; tels ont été ces despotes dont la tyrannie fournira toujours à l'histoire des contrastes frappants avec la bonté de Louis XII, la clémence de Henri IV, et la bienfaisance de Louis XVI; vous le savez, Messieurs, mon premier besoin est de répandre des bienfaits; mais pour être une vertu royale, cette passion de faire des heureux doit prendre un caractère public et embrasser l'universalité de mes sujets. Des grâces versées sur un petit nombre de courtisans et de favoris, quoique méritées, ne satisferaient pas la grande ame du Roi; et vous deputés, enfants de la patrie que vous représentez, écartez loin de vous toute affection, toutes maximes étrangères aux interéts de cette mère commune; que la paix, l'union et l'amour du bien public président à toutes vos délibérations. Tout les titres vont se con-*

fondre dans le titre de Citoyen, et l'on ne connaîtra plus désormais qu'un sentiment qu'un desir, celui de fonder sur des bases certaines et immuables le bonheur commun d'une nation fidèle à son monarque si digne de vos respects et de votre amour. »

Un tel langage, Sire, suffira pour terminer la crise; mais il faut profiter de la circonstance pour consolider le monument élevé par votre frère à la liberté de la France et à la grandeur de la couronne.

La charte est un pacte concédé a toujours; oui, Sire, A TOUJOURS.

www.ingramcontent.com/pod-product-compliance
Lightning Source LLC
LaVergne TN
LVHW020241230826
846091LV00006B/2215

* 9 7 8 2 0 1 3 4 4 6 7 3 0 *